Datum: _____

| A | A | A | A |

| a | a | a | a |

auf auf auf auf auf auf

als als als als als als als

Ananas Ananas Ananas

| B | B | B | B |

| b | b | b | b |

bin bin bin bin bin bin

Ball Ball Ball Ball Ball

Biber Biber Biber Biber Biber

Datum: _____

C C C C
c c c c

nicht nicht nicht nicht
Comic Comic Comic Comic
Clown Clown Clown Clown

D D D D
d d d d

du du du du du du du
da da da da da da da da
Dach Dach Dach Dach Dach

Datum: _____

| E | E | E | | E |

| e | e | e | | e |

eine eine eine eine eine

es es es es es es es es

Elefant Elefant Elefant Elefant

| F | F | F | | F |

| f | f | f | | f |

für für für für für für

Affe Affe Affe Affe Affe

Frosch Frosch Frosch Frosch

Datum: _____

| G | G | G | G |

| g | g | g | g |

gut gut gut gut gut gut

Geige Geige Geige Geige Geige

Gans Gans Gans Gans Gans

| H | H | H | H |

| h | h | h | h |

haben haben haben haben

mich mich mich mich mich

Hut Hut Hut Hut Hut Hut

Datum: _____

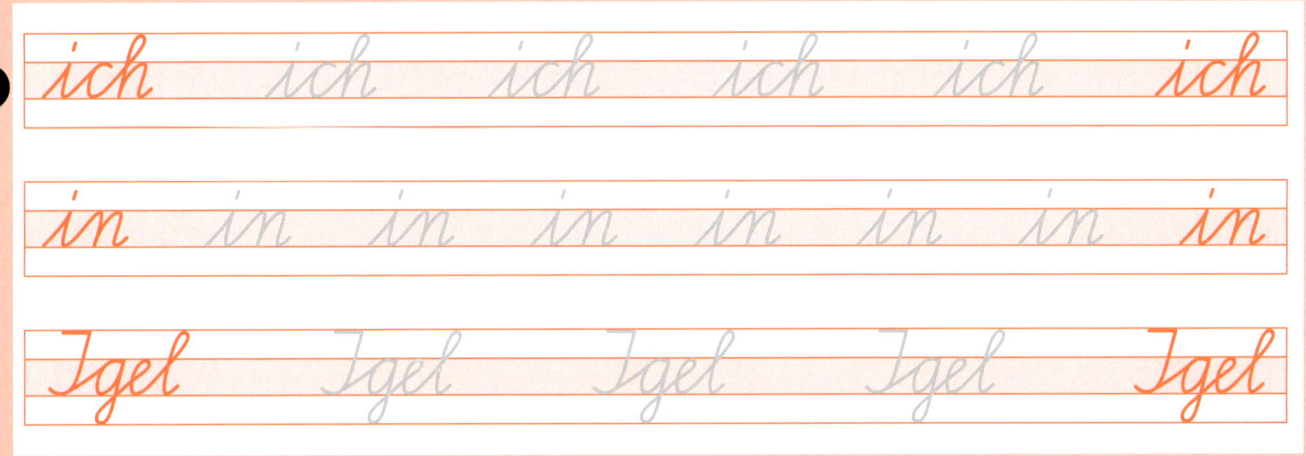

I I I I

i i i i

ich ich ich ich ich ich

in in in in in in in in

Igel Igel Igel Igel Igel

J J J J

j j j j

ja ja ja ja ja ja ja ja

jeder jeder jeder jeder jeder

Jo-Jo Jo-Jo Jo-Jo Jo-Jo Jo-Jo

Datum: _____

K K K K
k k k k

klein klein klein klein klein
klug klug klug klug klug
Kran Kran Kran Kran Kran

L L L L
l l l l

los los los los los los los
lieb lieb lieb lieb lieb
Lolli Lolli Lolli Lolli Lolli

Datum: _____

| M | M | M | M |

| m | m | m | m |

mein mein mein mein mein

mit mit mit mit mit mit

Maus Maus Maus Maus

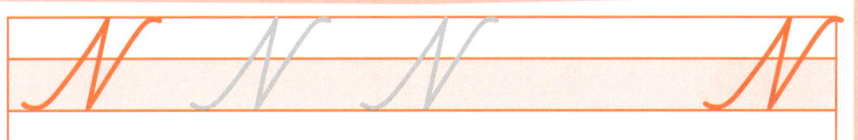

| N | N | N | N |

| n | n | n | n |

nur nur nur nur nur nur

noch noch noch noch noch

Nase Nase Nase Nase Nase

Datum: _____

O O O O

o o o o

oder oder oder oder oder oder

so so so so so so so so so

Opa Opa Opa Opa Opa Opa

P P P P

p p p p

prima prima prima prima

Papier Papier Papier Papier

Post Post Post Post Post

Datum: _____

Qu Qu Qu

qu qu qu

quer quer quer quer quer

Quatsch Quatsch Quatsch

bequem bequem bequem

R R R R

r r r r

rein rein rein rein rein rein

raus raus raus raus raus raus

Ratte Ratte Ratte Ratte Ratte

9

Datum: _____

S S S S
s s s s

sie sie sie sie sie sie sie
eins eins eins eins eins eins
Suppe Suppe Suppe Suppe

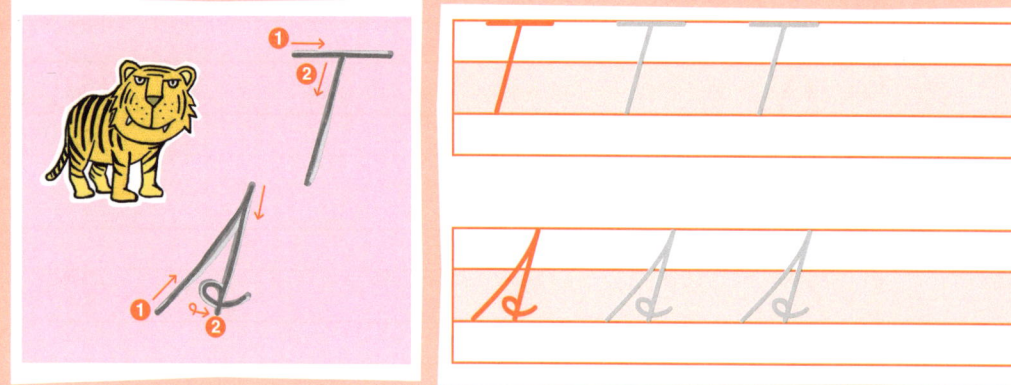

T T T T
t t t t

ist ist ist ist ist ist ist
rot rot rot rot rot rot
Tor Tor Tor Tor Tor Tor

Datum: _____

U U U U U

u u u u

und und und und und

um um um um um um

Uhu Uhu Uhu Uhu Uhu

V V V V V

v v v v v

von von von von von von

vor vor vor vor vor vor

Vulkan Vulkan Vulkan

11

Datum: _____

W W W W
w w w w

wir wir wir wir wir wir wir
wie wie wie wie wie wie wie
Wut Wut Wut Wut Wut

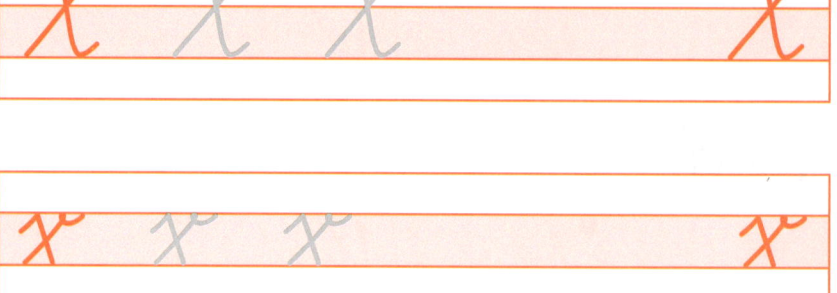

X X X X
x x x x

Hexe Hexe Hexe Hexe Hexe
Taxi Taxi Taxi Taxi Taxi
Xylofon Xylofon Xylofon

Datum: _____

Y Y Y Y

y y y y

Baby Baby Baby Baby Baby

Yak Yak Yak Yak Yak

Pony Pony Pony Pony Pony

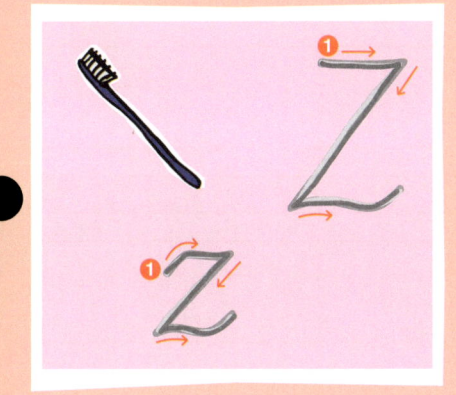

Z Z Z Z

z z z z

Pizza Pizza Pizza Pizza

zu zu zu zu zu zu zu

Zelt Zelt Zelt Zelt Zelt

Datum: _____

Schreibe in Schreibschrift.

der Adler — *Adler* ... *Adler*

der Biber — *Biber* ... *Biber*

der Collie — *Collie* ... *Collie*

der Dachs — *Dachs* ... *Dachs*

die Ente — *Ente* ... *Ente*

die Fliege — *Fliege* ... *Fliege*

die Gans — *Gans* ... *Gans*

der Hai — *Hai* ... *Hai*

der Igel — *Igel* ... *Igel*

Datum: _____

Schreibe in Schreibschrift.

die Mücke — *Mücke* .... *Mücke*

das Okapi — *Okapi* .... *Okapi*

der Pinguin — *Pinguin* .... *Pinguin*

die Qualle — *Qualle* .... *Qualle*

die Robbe — *Robbe* .... *Robbe*

die Spinne — *Spinne* .... *Spinne*

der Strauß — *Strauß* .... *Strauß*

der Tiger — *Tiger* .... *Tiger*

der Vogel — *Vogel* .... *Vogel*

Datum: _____

Schreibe in Schreibschrift.

der **Astronaut** — *Astronaut*

der **Arzt** — *Arzt* ... *Arzt*

das **Baby** — *Baby* ... *Baby*

der **Dieb** — *Dieb* ... *Dieb*

der **Clown** — *Clown* ... *Clown*

der **Cowboy** — *Cowboy* ... *Cowboy*

die **Fee** — *Fee* ... *Fee*

die **Elfe** — *Elfe* ... *Elfe*

die **Hexe** — *Hexe* ... *Hexe*

Datum: _____

Schreibe in Schreibschrift.

das **Mädchen** — *Mädchen*

der **König** — *König* .... *König*

die **Prinzessin** — *Prinzessin*

der **Pirat** — *Pirat* .... *Pirat*

der **Polizist** — *Polizist* .... *Polizist*

der **Roboter** — *Roboter* .... *Roboter*

der **Ritter** — *Ritter* .... *Ritter*

die **Sängerin** — *Sängerin*

der **Zwerg** — *Zwerg* .... *Zwerg*

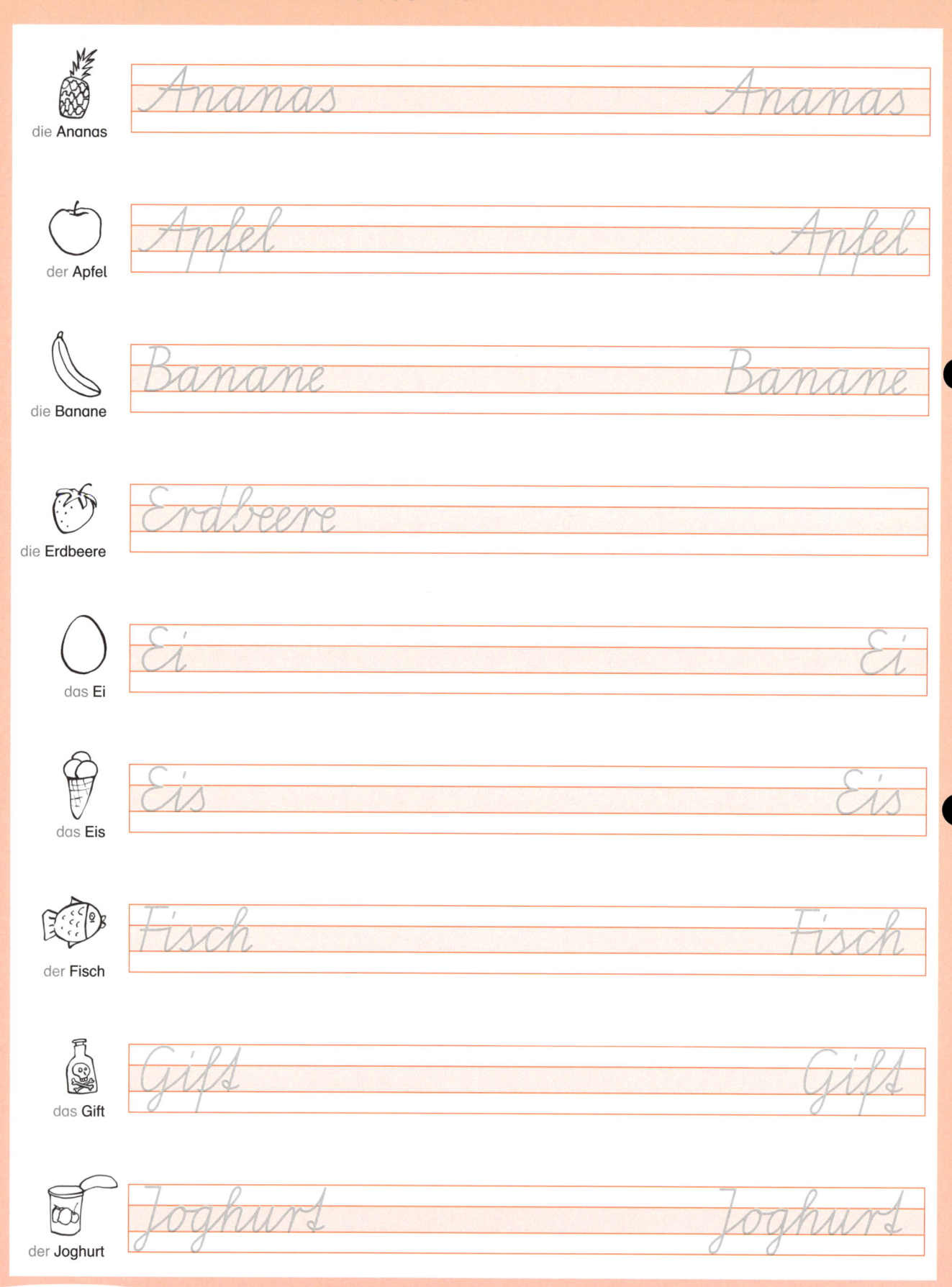

Datum: _____

Schreibe in Schreibschrift.

die Ananas	*Ananas* — *Ananas*
der Apfel	*Apfel* — *Apfel*
die Banane	*Banane* — *Banane*
die Erdbeere	*Erdbeere*
das Ei	*Ei* — *Ei*
das Eis	*Eis* — *Eis*
der Fisch	*Fisch* — *Fisch*
das Gift	*Gift* — *Gift*
der Joghurt	*Joghurt* — *Joghurt*

Datum: _____

Schreibe in Schreibschrift.

der **Lolli**	*Lolli*	*Lolli*
der **Mais**	*Mais*	*Mais*
die **Nudel**	*Nudel*	*Nudel*
die **Pizza**	*Pizza*	*Pizza*
die **Orange**	*Orange*	*Orange*
das **Osterei**	*Osterei*	*Osterei*
die **Pflaume**	*Pflaume*	
die **Spaghetti**	*Spaghetti*	
das **Spiegelei**	*Spiegelei*	

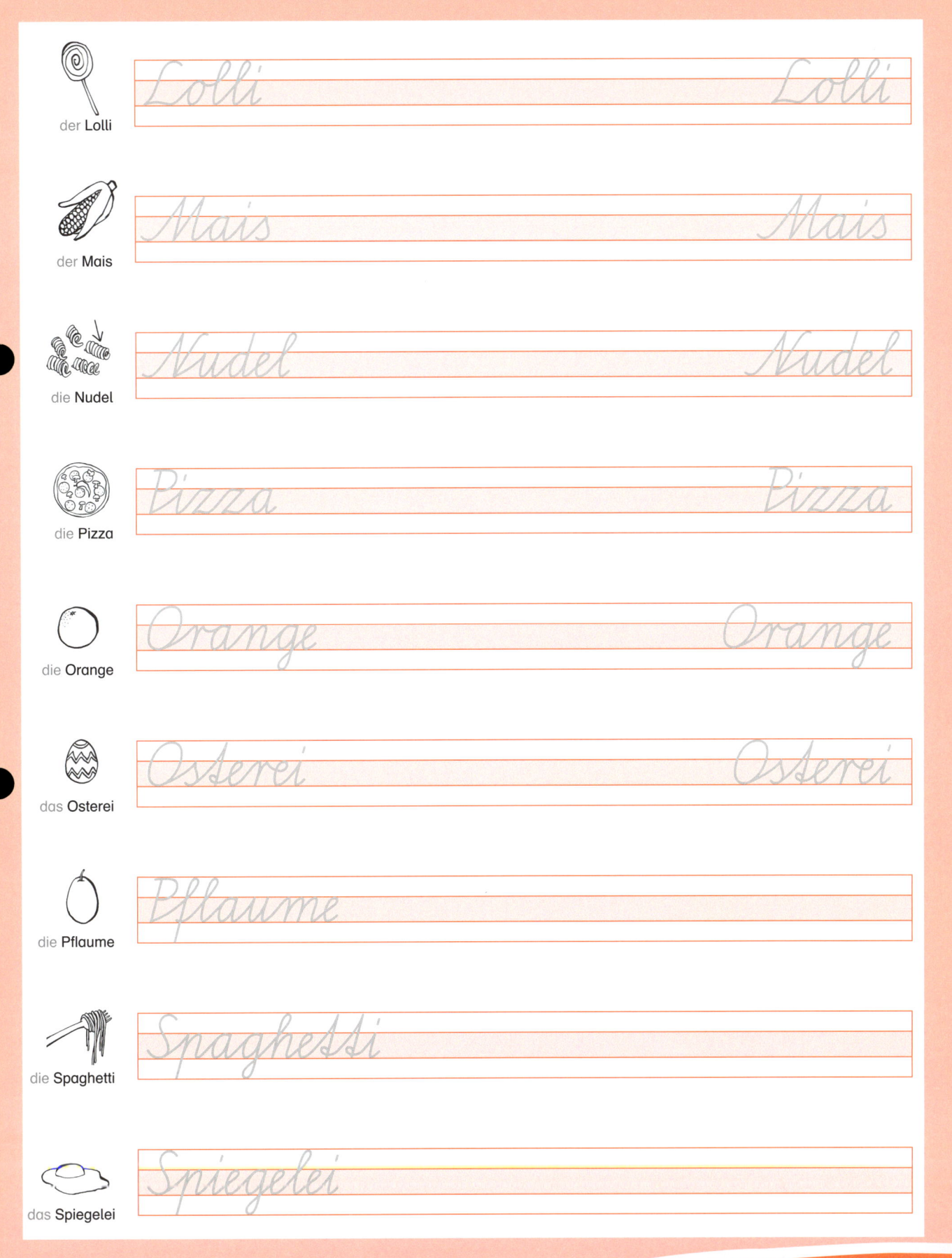

19

Datum: _____

Schreibe in Schreibschrift.

das **Auto**	*Auto* .... *Auto*
der **Bagger**	*Bagger* .... *Bagger*
der **Düsenjet**	*Düsenjet* ....
das **Dreirad**	*Dreirad* .... *Dreirad*
das **Einrad**	*Einrad* .... *Einrad*
das **Fahrrad**	*Fahrrad* ....
die **Feuerwehr**	*Feuerwehr* ....
das **Flugzeug**	*Flugzeug* ....
der **Jeep**	*Jeep* .... *Jeep*

Datum: _____

Schreibe in Schreibschrift.

der **Lastwagen**	*Lastwagen*
die **Lokomotive**	*Lokomotive*
das **Motorrad**	*Motorrad*
die **Rakete**	*Rakete* *Rakete*
das **Taxi**	*Taxi* *Taxi*
der **Traktor**	*Traktor* *Traktor*
das **U-Boot**	*U-Boot* *U-Boot*
das **Ufo**	*Ufo* *Ufo*
die **Yacht**	*Yacht* *Yacht*

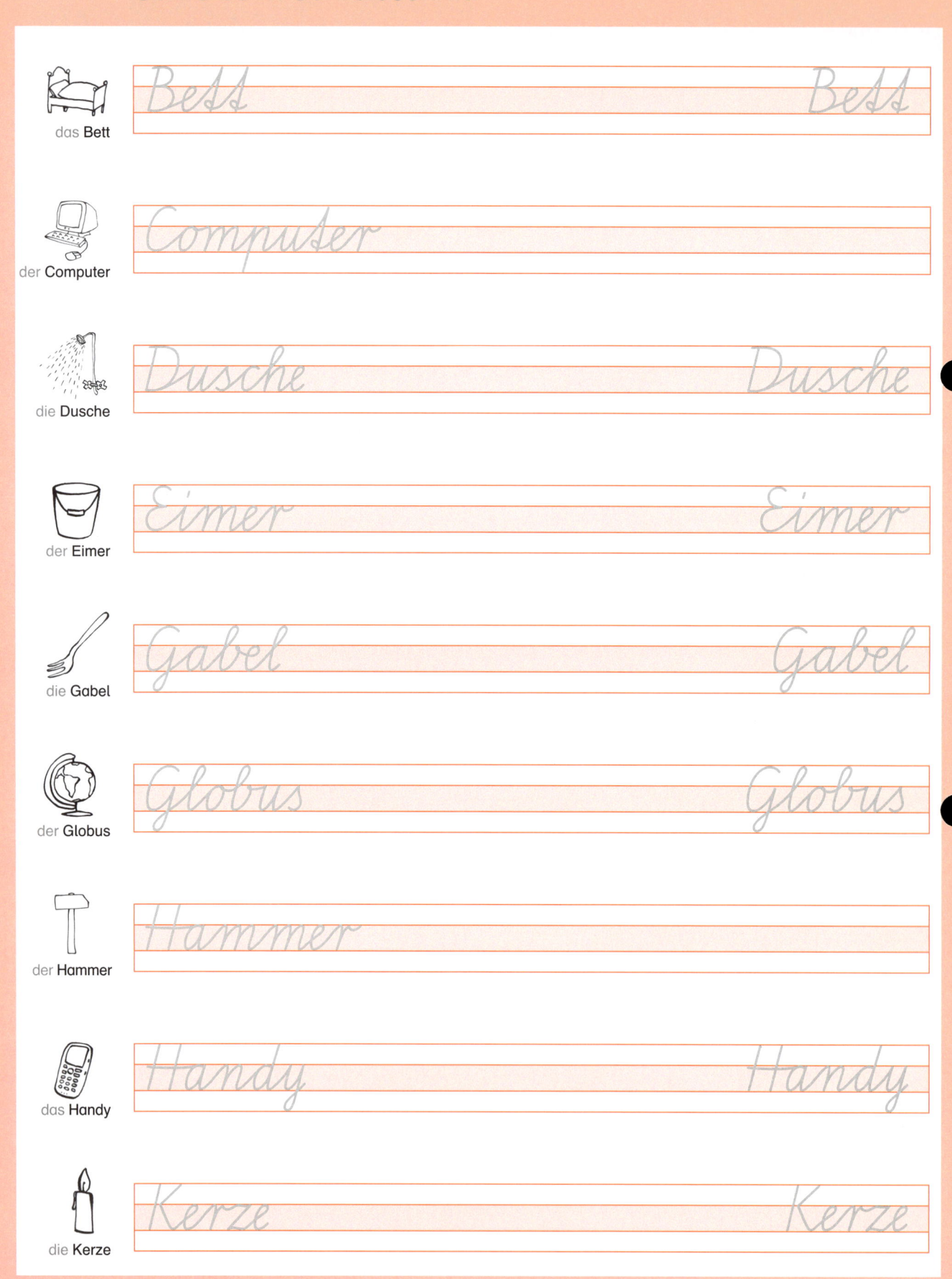

Datum: _____

Schreibe in Schreibschrift.

das Bett — *Bett* .... *Bett*

der Computer — *Computer*

die Dusche — *Dusche* .... *Dusche*

der Eimer — *Eimer* .... *Eimer*

die Gabel — *Gabel* .... *Gabel*

der Globus — *Globus* .... *Globus*

der Hammer — *Hammer*

das Handy — *Handy* .... *Handy*

die Kerze — *Kerze* .... *Kerze*

Datum: _____

Schreibe in Schreibschrift.

der Ofen — *Ofen* .... *Ofen*

die Pfanne — *Pfanne* .... *Pfanne*

die Pfeife — *Pfeife* .... *Pfeife*

der Quirl — *Quirl* .... *Quirl*

der Schrank — *Schrank* .... *Schrank*

der Spiegel — *Spiegel* .... *Spiegel*

der Stuhl — *Stuhl* .... *Stuhl*

die Uhr — *Uhr* .... *Uhr*

die Wolke — *Wolke* .... *Wolke*

Datum: _____

Schreibe ab.

Das war lecker!

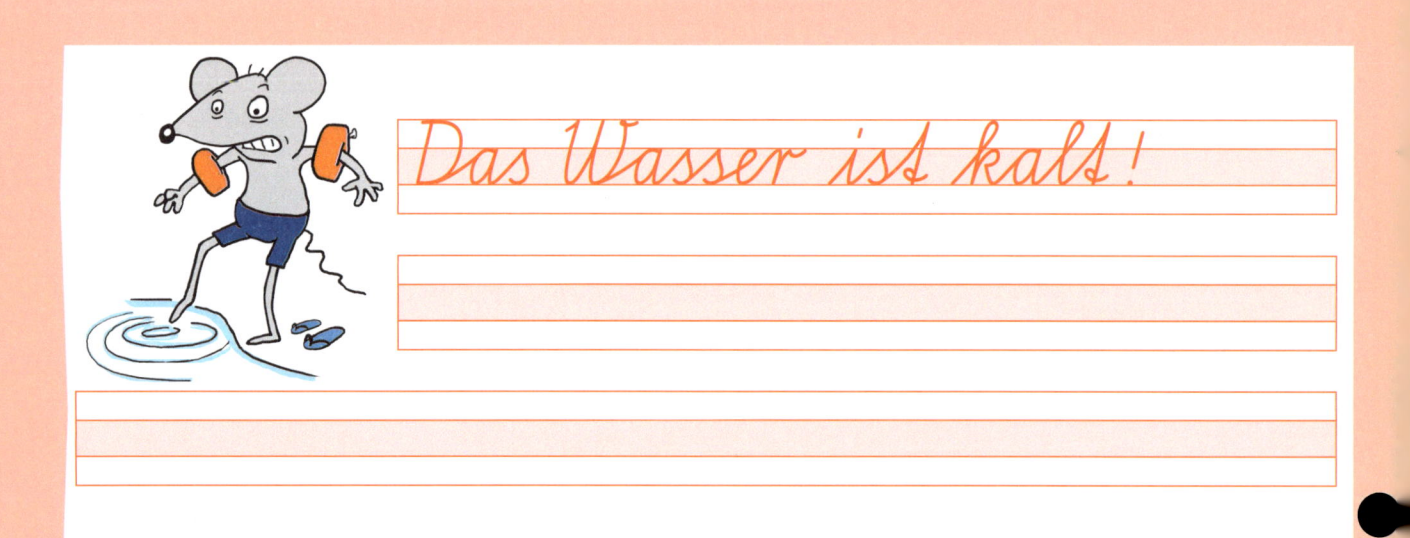

Das Wasser ist kalt!

Die Reise geht los!

Datum: _____

Schreibe ab.

Das Schwein ist schnell!

Der Elefant will verreisen!

Der Knochen gehört mir!

Datum: _____

Schreibe ab.

Die Kuh übt heute einen Tanz
und wackelt dabei
mit dem Schwanz.

Der Tiger sieht zum Fürchten aus –
er wartet auf
den nächsten Schmaus.

Datum: _____

Schreibe ab.

Die Schnecke kriecht manchmal sehr weit
und braucht dafür
dann sehr viel Zeit.

Die Spinne kann heut fröhlich sein,
sie ist im Netz
nicht mehr allein.

Datum: _____

Schreibe in Schreibschrift.

der Panda

die Raupe

das Okapi

die Eule

das Schaf

der Rabe

der Stier

die Elster

der Geier

der Leguan

der Spatz

das Einhorn

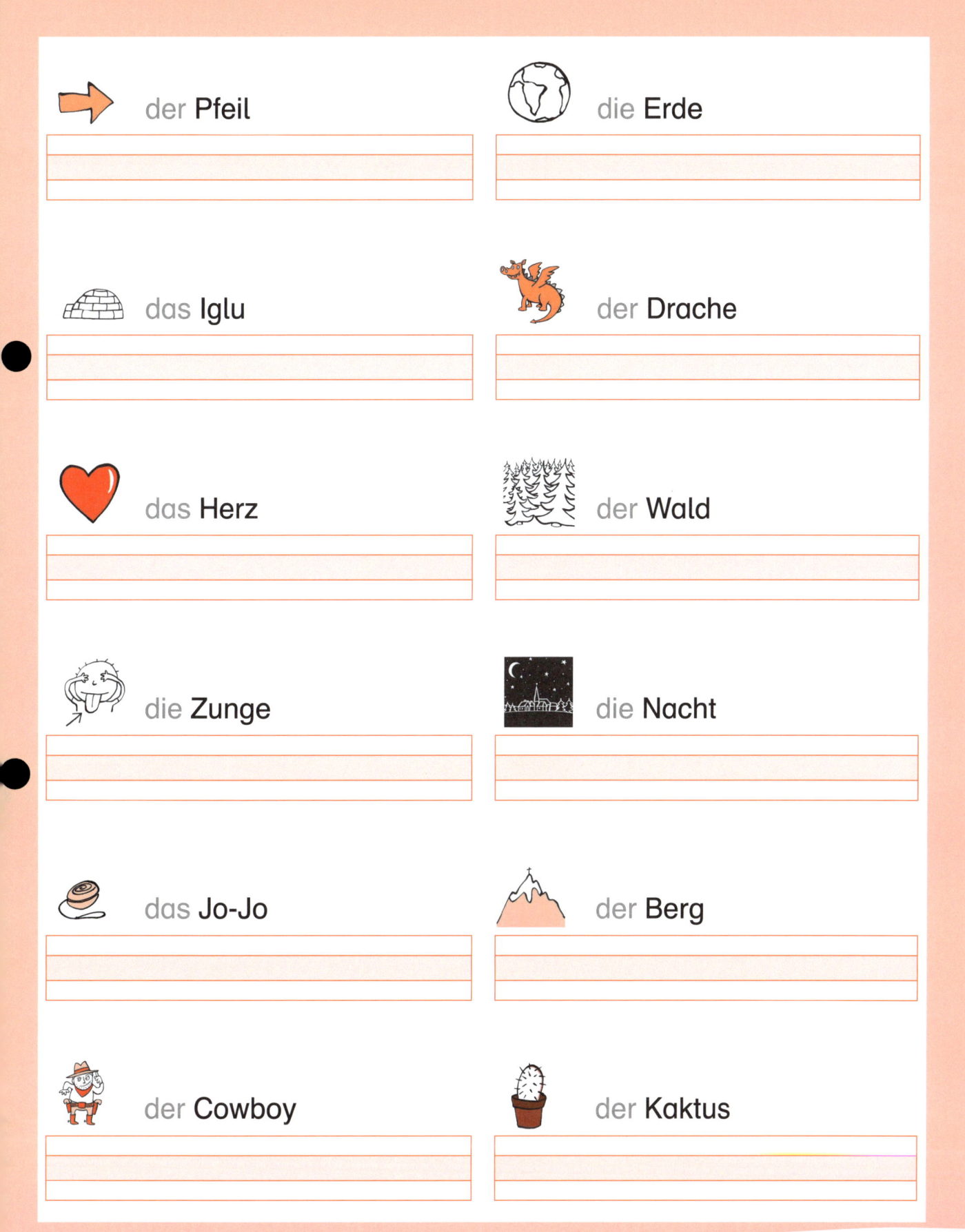

Datum: _____

Schreibe in Schreibschrift.

der Pfeil · die Erde

das Iglu · der Drache

das Herz · der Wald

die Zunge · die Nacht

das Jo-Jo · der Berg

der Cowboy · der Kaktus

29

Datum: _____

Schreibe in Schreibschrift.

der Hamster

der Vogel

der Storch

die Feder

der Dackel

der Garten

der Uhu

die Rose

die Wespe

der Efeu

der Löwe

der Qualm

Datum: _____

Schreibe in Schreibschrift.

die Sonne

der Zahn

der Mond

die Palme

der Stern

die Nadel

der Ring

der Anker

das Taxi

die Fee

die Hose

die Burg

Datum: _____

1. Schreibe den Namen des Tieres so oft und so schön wie möglich (Sonntagsschrift).
2. Welches Wort ist dir am besten gelungen? Kreise es ein.

Bär Bär Bär
Bär Bär Bär

der **Bär**

der **Elefant**

32

Datum: _____

1. Schreibe den Namen des Tieres so oft und so schön wie möglich (Sonntagsschrift).
2. Welches Wort ist dir am besten gelungen? Kreise es ein.

die Maus

der Tiger

33

Datum: _____

Schreibe in Schreibschrift.

Die Giraffe trinkt Tee.

Luftpost für dich!

Die Blumen haben Durst.

Das Chamäleon hat eine Idee.

Datum: _____

Schreibe in Schreibschrift.

Die Maus flitzt davon.

Was soll ich schreiben?

Die Hexe verhext den Kater.

Der Eisbär lässt sich treiben.

Datum: _____

Schreibe in Schreibschrift.

Der Taschenkrebs sieht glücklich aus,
der Schuh ist jetzt
sein neues Haus.

Der Elefant trägt viel Gewicht,
das tut der Tiger oben nicht.

Datum: _____

Schreibe in Schreibschrift.

Die Mäuse spielen gern Quartett,
ich bleibe lieber nachts im Bett.

Das Känguru ist nicht zu sehen,
wir wollen es mal suchen gehen.

Datum: _____

Schreibe ein Gedicht in deiner schönsten Schrift auf.

Datum: _____

Schreibe ein Gedicht in deiner schönsten Schrift auf.

Datum: _____

Sammle Unterschriften.

von mir:

von:

von:

von:

von:

von:

von:

Datum: _____

Du kannst die Anfangsbuchstaben deines Vornamens und deines Nachnamens ganz unterschiedlich gestalten.
Probiere verschiedene Ideen aus.

KM

Datum: _____

Unterschiedlich schreiben:

Schreibe ganz **schnell** in Schreibschrift: *Ich schreibe ganz schnell.*

Schreibe ganz **langsam** in Schreibschrift: *Ich schreibe ganz langsam.*

Schreibe ganz **groß** in Schreibschrift: *Ich schreibe ganz groß.*

Schreibe ganz **klein** in Schreibschrift: *Ich schreibe ganz klein.*

Datum: _____

Probiere aus: In welcher Zeile kannst du diesen Satz am schönsten in Schreibschrift schreiben?

Mein Lieblingstier ist _____.

1.

2.

3.

4.

5.

6.

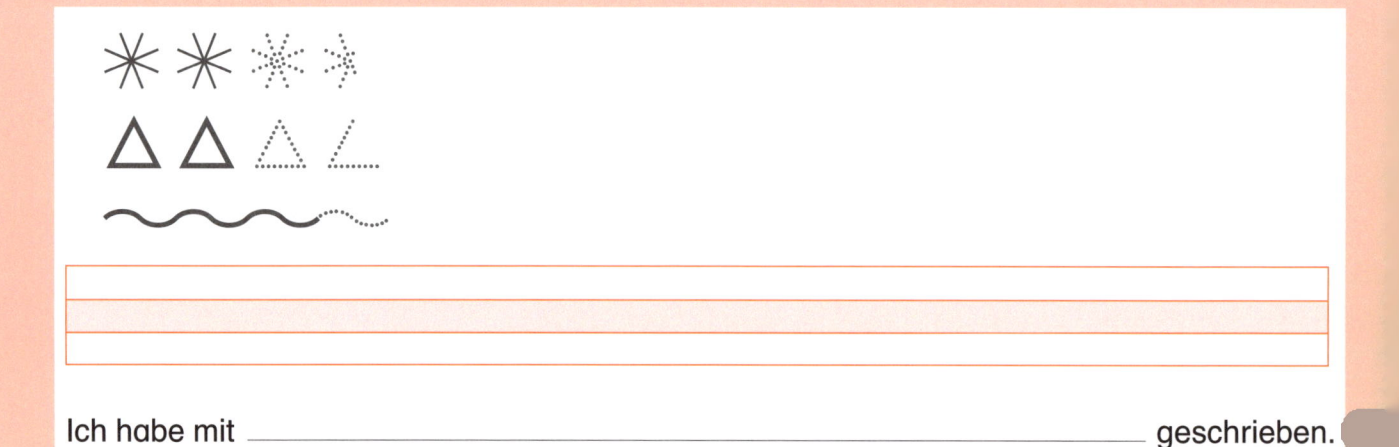

Datum: _____

Probiere verschiedene Stifte aus:
Male und schreibe in jedem Kasten mit einem anderen Stift.
Überlege dir, welches Wort du schreiben möchtest.

Ich habe mit _____ geschrieben.

Ich habe mit _____ geschrieben.

Ich habe mit _____ geschrieben.

Datum:

Probiere verschiedene Stifte aus:
Male und schreibe in jedem Kasten mit einem anderen Stift.
Überlege dir, welches Wort du schreiben möchtest.

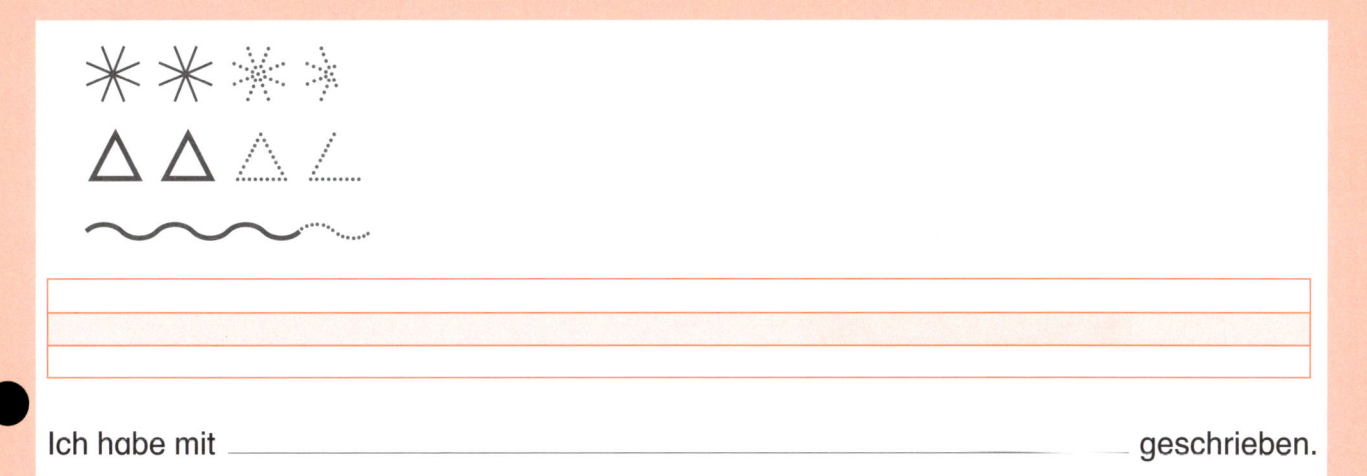

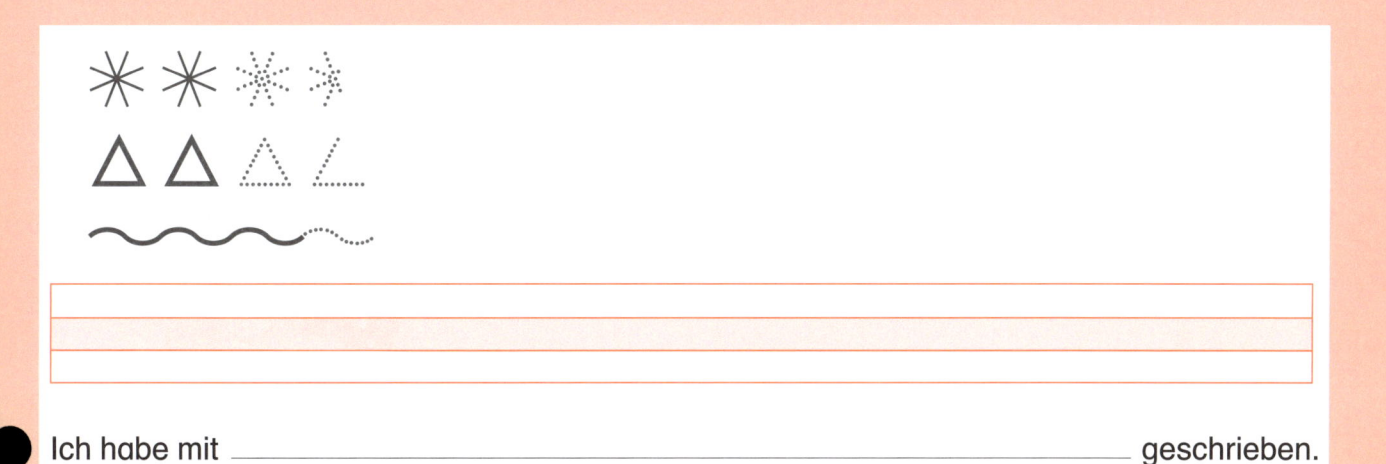

Ich habe mit _____ geschrieben.

Ich habe mit _____ geschrieben.

Ich habe mit _____ geschrieben.

Datum: _____

Gestalte weitere Wörter.

Regen   Wurm   Wind   Schal   Blitz   Wal

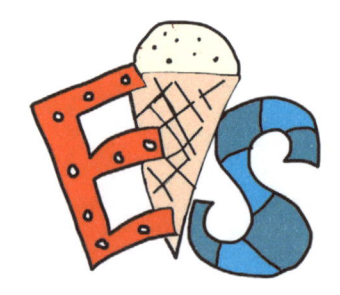

Schaf   Auto   Biene   Wolke   Wasser

Datum: _____

Gestalte weitere Wörter.

Viereck   Ball   Turm   Berg   Herz   Affe

Sonne

Qualle

Gespenst   Baum   Kissen   Schlange   Fisch

47

Datum: _____

Sammle diesen Satz von verschiedenen Menschen:
Die Katze tritt die Treppe krumm.
(Zum Beispiel von Oma, Opa, Tante, Geschwistern …)

von: _____

von: _____

von: _____

von: _____

von: _____

von: _____

von mir: _____